La justicia ambiental es para ti y para mí

Catalina M. de Onís | Hilda Lloréns | Mabette Colón Pérez | Khalil G. García-Lloréns

2021

© Catalina M. de Onís
© Hilda Lloréns

© Editora Educación Emergente

Edición/Editing: Beatriz Llenín Figueroa
Maquetación/Layout: Lissette Rolón Collazo
Ilustraciones/Illustrations: Mabette Colón Pérez

Este libro se produce, en parte, gracias a la subvención
de la University of Colorado Denver.

This book has been produced in part thanks to the support
of the University of Colorado Denver.

ISBN-13: 978-1-7923-5485-4

Serie: *Otra escuela*

Editora Educación Emergente, Inc.
Alturas de Joyuda #6020
C/Stephanie
Cabo Rojo, PR 00623-8907
editora@editoraemergente.com
www.editoraemergente.com

Impreso en Bibliográficas
San Juan, Puerto Rico

Todas las regalías del libro serán donadas al *Comité Diálogo Ambiental* para apoyar *Convivencia Ambiental*, campamento anual sobre justicia ambiental para jóvenes de las comunidades aledañas a la Bahía de Jobos en el sureste de Puerto Rico.

All book royalties will be donated to the *Comité Diálogo Ambiental* (Environmental Dialogue Committee) to support *Convivencia Ambiental*, an annual environmental justice camp for local youth in communities surrounding Jobos Bay in southeastern Puerto Rico.

EDITORA EDUCACIÓN
EMERGENTE

#LiberaTuLectura

Cuando escuchas la palabra **medioambiente**,
¿en qué piensas?

Aunque algunas personas piensan que el medioambiente
es sólo un lugar en la naturaleza, nuestro medioambiente
también es el lugar donde vivimos, jugamos, aprendemos
y pasamos tiempo con nuestras familias,
amigos y mascotas.

¡Eres una parte importante del medioambiente!

Cada niño y niña en el planeta tiene el derecho a vivir en un hogar y un medioambiente seguros y sanos.

Pero cuando los encargados de las compañías que contaminan el ambiente solamente se enfocan en el dinero, hacen cosas que dañan la naturaleza y las casas de la gente. Por esta razón, muchos adultos, niños y niñas alrededor del mundo están luchando por la justicia ambiental.

La justicia ambiental se logra cuando las personas pueden vivir en un medioambiente seguro y sano. Eso incluye tu vecindario, comunidad y hogar.

¡Puedes ayudar al medioambiente!

Sin importar el color de tu piel o dónde vivas, cada persona debe tener un medioambiente libre de contaminación y de otros tipos de injusticia ambiental. La injusticia es lo opuesto a la justicia. La injusticia ocurre cuando no te sientes seguro y respetado en tu entorno.

Tú tienes un papel importante en la lucha por la justicia ambiental en tu comunidad. Puedes hablar con las personas con quienes vives sobre la justicia ambiental. Puedes pedirles que te ayuden a mantener el aire, el agua, las plantas y los animales seguros y sanos.

¡Tú también puedes mejorar el medioambiente!

La historia de Mabette

Mabette es estudiante y vive en Guayama, un pueblo en la costa sur de Puerto Rico. Hay una planta eléctrica cerca de su casa. Allí se produce electricidad. La planta cerca de la casa de Mabette quema carbón para producir el vapor que se convierte en electricidad. Pero las plantas eléctricas también producen contaminación que hace daño al medioambiente y a la gente que vive cerca.

Cuando Mabette era niña pasaba mucho tiempo con su mamá, su papá y familiares viendo la televisión o jugando con sus juguetes. Mabette y su familia también iban a nadar y a jugar con otros familiares y con sus amistades a la playa cerca de su casa.

La playa a la que ellos iban es parte de la Bahía de Jobos. Mabette recuerda que su papá y su abuelo pescaban allí peces grandes y sabrosos. Pero cuando la planta eléctrica llegó a la Bahía de Jobos, Mabette y su familia se dieron cuenta que el medioambiente empezó a cambiar.

Su papá y su abuelo ya no pescaban tantos peces y los que pescaban eran más pequeños. Un grupo de científicos estudió la Bahía de Jobos y encontró que el agua estaba llena de contaminación tóxica a causa de la planta eléctrica. Sus químicos contaminaron los peces, por lo que ya no eran seguros para comer. Los químicos tóxicos en el agua le causan daño a la gente también. Por eso Mabette y su familia ya no pueden ir a pescar y a nadar en el agua.

El aire también está contaminado. Muchas personas que viven cerca de la planta eléctrica tienen asma, enfermedad que se empeora por el aire contaminado. Después de convertir el carbón en electricidad, quedan cenizas de carbón. Esas cenizas de carbón son las que contaminan la bahía, el agua y el aire. Los dueños de la planta eléctrica han ido acumulando las cenizas. Ahora, esas cenizas tóxicas están casi del alto de una montaña. El viento agita las cenizas y las esparce en la bahía, en el aire y en las plantas. Las cenizas también caen en la comida de la gente.

Cuando Mabette estaba en la escuela elemental aprendió sobre los daños ambientales causados por la planta eléctrica. Queriendo proteger su medioambiente, Mabette y su papá empezaron a reunirse con un grupo que se llama Comunidad Guayamesa Unidos Por Tu Salud.

Mabette regó la voz sobre los daños de las cenizas y cómo estaban afectando la salud de las personas y el medioambiente en su comunidad. Mabette dio presentaciones y habló con maestras, maestros, amistades y familiares sobre la contaminación causada por las cenizas.

También se preocupaba por sus vecinos, quienes estaban enfermos a causa de la contaminación de las cenizas. De hecho, Mabette sentía miedo de que sus padres y sus amigos se enfermaran también por vivir cerca de la planta eléctrica.

Además, estaba muy frustrada porque nadie venía a ayudar a su familia. Ni siquiera venían las personas del gobierno. Por eso, Mabette siguió esforzándose más y más en compartir su mensaje.

Empezó a trabajar como voluntaria en un campamento de verano para jóvenes y niños. En el campamento, Mabette y sus amigos aprendieron sobre el medioambiente a través de actividades divertidas tales como: observar las aves, remar en kayaks en la bahía, escuchar las historias de los adultos, dibujar y hasta pintar un mural para embellecer su comunidad.

Debido a sus esfuerzos, Mabette pudo hablar con gente poderosa en el gobierno. Le pidió ayuda para detener la contaminación en su comunidad.

Cuando Mabette pudo hablar sobre cómo la contaminación afecta a sus familiares y vecinos, se sintió muy inspirada. Pidió que se acabara la injusticia ambiental en su comunidad.

¡Tal como ella lucha por la justicia ambiental, tú también puedes luchar por el medioambiente!

Sin importar tu edad, el color de tu piel o el lugar donde vives, tú puedes luchar por la justicia ambiental como lo hace Mabette.

¡Podemos trabajar juntos y juntas para cambiar y mejorar los lugares donde vivimos!

Todo el mundo comparte este planeta y debemos trabajar juntos para hacer realidad la justicia ambiental. Igual que Mabette, hay muchas maneras de apoyar la justicia ambiental en tu comunidad.

¿Qué vas a hacer **tú** para proteger la salud y la seguridad de tu medioambiente?

Los principios de la justicia ambiental

"La justicia ambiental afirma la santidad de nuestra madre tierra, la unidad ecológica y la interdependencia de todas las especies, así como el derecho a vivir libres de la destrucción ecológica."

"La justicia ambiental exige el derecho al uso ético, balanceado y responsable de nuestras tierras y los recursos renovables para asegurar un planeta sostenible para los seres humanos y otros seres vivientes."

"La justicia ambiental reclama una educación para las futuras generaciones con énfasis en asuntos sociales y ambientalistas, y basada en nuestra experiencia y en la apreciación de nuestras perspectivas culturales diversas."

"La justicia ambiental requiere que nosotras y nosotros, como individuos, tomemos decisiones personales que nos lleven a consumir tan pocos recursos de la madre tierra y a producir tan pocos desperdicios como sea posible. También exige retemos y transformemos nuestro estilo de vida para asegurar la salud de nuestro planeta Tierra para el disfrute de nuestras generaciones presentes y futuras."

La lista completa de los principios de la justicia ambiental se encuentra en "Los principios de la justicia ambiental," documento preparado colectivamente en 1991 por "La primera consulta para el liderazgo nacional ambientalista de personas de color" y está disponible aquí: https://www.ejnet.org/ej/principles-es.pdf.

Glosario

Bahía: cuerpo de agua ubicado al lado de la costa.

Carbón: piedra hecha de materia orgánica fósil que debe conservarse en el suelo.

Cenizas de carbón: producto peligroso que resulta de la quema del carbón.

Medioambiente: lugar o lugares donde vivimos, jugamos, asistimos a la escuela y más.

Justicia ambiental: derecho a vivir en un ambiente sano y seguro.

Contaminación: sustancias insalubres que causan daño al medioambiente y a las personas.

Planta eléctrica: lugar o lugares donde se produce electricidad.

Puerto Rico: lugar en el Caribe en donde viven millones de personas en tres islas habitadas que se llaman Puerto Rico, Vieques y Culebra. Además, en Puerto Rico hay cientos de cayos más pequeños en los que no habitan seres humanos. Esos cayos se usan, principalmente, para actividades de recreo, como cazar, ir a pescar, caminar, pasear en barco, nadar y gozar la playa.

Environmental Justice Is for You and Me

Catalina M. de Onís | Hilda Lloréns | Mabette Colón Pérez | Khalil G. García-Lloréns

When you hear the word **environment**, what comes to mind?

While some people might think of the environment as a place in nature, our environment is also the place where we live, play, learn, and spend time with our families, friends, and pets.

You are an important part of the environment!

Every child on Earth has the right to live in a safe and healthy home and environment. But when the people in charge of companies that pollute the environment only care about making money, they do things that harm nature and even people's homes. For this reason, adults and children around the world are asking for environmental justice.

Environmental justice happens when people can live in a safe and healthy environment. These places include your neighborhood, community, and home.

No matter your skin color or the place you live, everyone should have an environment free from pollution and other types of environmental injustice. Injustice is the opposite of justice. Injustice happens when you don't feel safe and respected in your surroundings. You have an important role to play in making environmental justice possible in your neighborhood or community.

You can tell your family or the people who live with you about environmental justice. Ask them about ways you can help keep the air, water, plants, and animals safe and healthy.

You can help your environment!

Mabette's Story

Mabette is a student and lives in Guayama, a seaside town in southern Puerto Rico. There is a power plant near her house. A power plant produces electricity. The power plant by Mabette's home burns coal to make steam that becomes electricity. But power plants produce pollution that hurts the environment and the people who live nearby.

When Mabette was a kid, she spent most of her time with her parents doing family activities, like watching TV or playing with her toys. Mabette also visited the beach near her house to swim and play with her family and friends. The beach is in the Jobos Bay.

Mabette remembers her dad and grandpa fishing there often. They always brought back big and tasty fish for the family to eat. But when the power plant came to Jobos Bay, Mabette and her family noticed that the environment started to change.

Her dad and grandpa did not catch as many fish and the ones they caught were smaller. Scientists came to study Jobos Bay. They found that the water was filled with toxic chemicals because of the power plant. These chemicals contaminated the fish, and they were not healthy to eat anymore. The toxic chemicals in the water hurt people too.

Mabette and her family can no longer fish and swim in the water because it is polluted. The air is polluted too. And, a lot of people who live nearby have asthma, which is an illness worsened by polluted air. After coal is turned into electricity, it leaves coal ash behind. Coal ash is a dirty substance that pollutes the Bay, the water, and the air. The power plant owners have been piling up the coal ash and now this toxic pile is as tall as a mountain. The wind picks up the coal ash and throws it into the Bay, the air, and the plants. The coal ash even falls into the food that people eat.

When Mabette was in elementary school she learned about the dangers of the power plant. Wanting to protect their environment, Mabette and her dad joined a group called Guayama Community United for Our Health.

Mabette spread the word about the dangerous coal ash and how it was affecting the community's health. Mabette gave presentations and spoke from her heart with teachers, friends, and family about the pollution caused by coal.

Mabette was worried about her neighbors, who were sick because of the coal ash pollution. She felt scared, and she did not want her parents or her friends to get sick because they lived near the power plant.

Mabette was also frustrated because no one came to help her community, not even the people who worked for the government. Mabette tried even harder to share her message.

She started volunteering at a summer camp, which community members organize every year for children and teenagers. At this camp, Mabette and her friends learned about the environment through fun activities like birdwatching, kayaking, listening to adults share stories, drawing, and even painting a mural on a community wall.

Because of her efforts to share her message, Mabette spoke to powerful people in the government and asked them to help stop pollution in her community.

Mabette felt inspired to represent her neighbors and to change the way they were treated unfairly.

She was fighting for environmental justice, and you can too!

No matter your age, the color of your skin, or the place you live, you can fight for environmental justice just like Mabette.

We can work together to change and improve the places where we live!

We all share this planet, and we need to work together for environmental justice. Just like Mabette, there are many ways you can support environmental justice in your community.

What will **you** do to protect the health and safety of your environment?

Principles of Environmental Justice

"Environmental Justice affirms the sacredness of Mother Earth, ecological unity and the interdependence of all species, and the right to be free from ecological destruction."

"Environmental Justice mandates the right to ethical, balanced and responsible uses of land and renewable resources in the interest of a sustainable planet for humans and other living things."

"Environmental Justice calls for the education of present and future generations which emphasizes social and environmental issues, based on our experience and an appreciation of our diverse cultural perspectives."

"Environmental Justice requires that we, as individuals, make personal and consumer choices to consume as little of Earth's precious materials, like wood and water, and to produce as little waste as possible."

The full list of Environmental Justice Principles appears in a document produced collectively in 1991 by the National People of Color Environmental Leadership Summit Members, and is available here: https://www.ejnet.org/ej/principles.html.

Glossary

Bay: A body of water beside a shoreline.

Coal: A rock made of ancient fossils that should be kept in the ground.

Coal ash: An unsafe product that comes from burning coal.

Environment: A place or places where we live, play, go to school, and more.

Environmental Justice: The right to live in a healthy and safe environment.

Pollution: Unhealthy, contaminating substances that can harm the environment and people.

Power Plant: A building or buildings that produce electricity.

Puerto Rico: A tropical place in the Caribbean that is home to millions of people who live on three inhabited islands that are named Puerto Rico, Vieques, and Culebra. There are also hundreds of small islands uninhabited by humans. These islands are used mainly for recreational activities, such as hunting, fishing, hiking, boating, swimming, and enjoying the beach.

Catalina M. de Onís es una escritora y profesora dedicada a la justicia ambiental y energética: https://catalinadeonis.com.

Hilda Lloréns enseña antropología en la Universidad de Rhode Island, donde investiga y escribe sobre justicia ambiental y ecologías afro-puertorriqueñas.

Catalina M. de Onís is a writer and teacher dedicated to environmental and energy justice: https://catalinadeonis.com.

Hilda Lloréns teaches anthropology at the University of Rhode Island, where she researches and writes about environmental justice and Black ecologies.

Mabette Colón Pérez es activista comunitaria y estudiante en la Universidad Interamericana de Guayama. ¡También le encanta producir arte!

Khalil G. García-Lloréns es estudiante de escuela intermedia en Providence Public Schools. También le gusta caminar, pescar y crear arte.

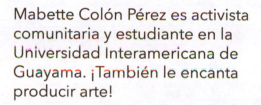

Mabette Colón Pérez is a community activist and student at the Interamerican University of Puerto Rico in Guayama. She loves to make art!

Khalil G. García-Lloréns is a middle school student in Providence Public Schools. He likes hiking, fishing, and making art.

EDITORA EDUCACIÓN
EMERGENTE

#LiberaTuLectura

Títulos recientes
Editora Educación Emergente

La vida y la muerte ante el poder policiaco. Raza, violencia y resistencia en Puerto Rico

Marisol LeBrón/Traductora: Beatriz Llenín Figueroa
ISBN: 13: 978-1-7923-5489-2

En fuga: Florencio Pla Meseguer, memoria, poder y resistencia

Lissette Rolón Collazo
ISBN: 13: 978-1-7923-5484-7

Encuentros en el territorrio Rodríguez Juliá

Christoher Powers Guimond y Beatriz Cruz Sotomayor (eds.)
ISBN: 13: 978-1-7923-5491-5

Against Muerto Rico: Lessons From the Verano Boricua/Contra Muerto Rico: Lecciones del Verano Boricua

Marisol LeBrón/Traductora: Beatriz Llenín Figueroa
ISBN: 13: 978-1-7923-5492-2

Filosofía del cimarronaje

Pedro Lebrón Ortiz
ISBN: 13: 978-1-7923-5493-9

Convidar

Anayra O. Santory Jorge y Luis A. Avilés/convidadores
ISBN: 13: 978-1-7923-1799-6